Redactie:	Larry Iburg
Omslagontwerp:	Erik de Bruin, www.varwigdesign.com
	Hengelo
Lay-out:	Christine Bruggink, www.varwigdesign.com
Foto's:	Pauline Wesselink (Omslag, p. 22, p. 27, p. 31, p. 35, p. 42, p. 46), e.a.
Druk:	Wöhrmann Print Service
	Zutphen

ISBN 978-90-86600-13-7

WWW TERRA
wij willen weten

Deel 5

Pauline Wesselink

Canada

ELLESSY
JEUGD

Inhoudsopgave

1. Een reus in Amerika

Canada is het op één na grootste land ter wereld (na Rusland). Een flink deel van Canada is nauwelijks bewoond. De meeste Canadezen leven in het zuiden, niet ver van de Verenigde Staten, waar een gematigd klimaat heerst. Vergeleken bij ons heeft Canada enorm veel ruimte. Canada is bijna driehonderd maal groter dan Nederland en heeft maar twee keer zoveel inwoners als ons land.

Eeuwige sneeuw

Het land bestaat uit bergen, laagvlaktes, rotsen, heuvels en dalen. Er zijn veel meren en eilanden. In het uiterste noorden ligt altijd sneeuw en het is er ijzig koud.

Beren en wolven

Er zijn steden met miljoenen inwoners, met wolkenkrabbers en uitgestrekte woonwijken. In Toronto staat het hoogste vrijstaande gebouw ter wereld. Maar er zijn ook vele plekken waar nog nooit een mens is geweest. In de eindeloze wouden staan gigantische bomen en er lopen beren, elanden en wolven rond.

Toeristen

Er is landbouw en veeteelt, maar het is vooral een rijk industrieland met een hoge technologie. Dankzij de lange kustlijn en de talrijke meren wordt er veel vis gevangen. De eindeloze bossen bevatten enorme hoeveelheden bomen en de mooiste natuurparken trekken elk jaar miljoenen toeristen.

Zure regen

Canada hoort bij de top tien van rijke landen. Toch nam de rege-

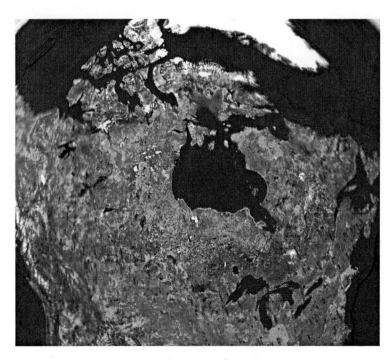

Canada vanuit de lucht

ring strenge maatregelen omdat de economie minder groeide. Er zijn de laatste jaren flinke bezuinigingen doorgevoerd vooral in het onderwijs en de gezondheidszorg. In het zuiden is door industrie, uitlaatgassen van auto's, mijnbouw en houtkap op veel plekken de lucht verontreinigd. De zure regen tast meren, zee en bossen aan.

Veel culturen

Er wonen mensen uit allerlei culturen: Britten, Fransen en andere Europeanen. Ook Afrikanen, Arabieren en Aziaten. In Toronto wonen mensen van 200 nationaliteiten. Het eerst waren er de *First Nations People* (Indianen) en de Inuit (Eskimo's).

Veel bewoners in Québec, waar de meerderheid Frans spreekt, willen dat hun provincie een apart land wordt. Bij een volksstemming in 1995 kozen ze er toch voor om bij Canada te blijven.

2. Tussen twee oceanen

Canada ligt tussen de Atlantische Oceaan en de Stille Oceaan. De afstand van kust tot kust is ruim 7.500 kilometer. Het land is opgedeeld in tien provincies en in drie territoria.

De tien provincies van west naar oost:

1. British Columbia (BC) - hoofdstad Victoria
BC ligt aan de Stille Oceaan. Vancouver, de grootste stad, is de belangrijkste haven van de westkust. Er zijn prachtige stranden. Victoria heeft mooie gebouwen en veel bloemen. Het lijkt erg op Engeland en ligt op Vancouver Island. De bergen van de Columbia en Rocky Mountains (Rockies) trekken veel toeristen. In het zuiden wordt fruit verbouwd, er zijn wijngaarden en er is een stukje woestijn.

2. Alberta – hoofdstad Edmonton
De rijkste provincie. Er wordt gas, steenkool en olie gevonden. Er zijn enorme graanvelden en veeboerderijen. Het meeste vlees komt uit Alberta. Calgary is de grootste stad. Elk jaar in juli is daar de Calgary Stampede, de grootste rodeo ter wereld. Cowboys en –girls temmen dan wilde paarden en stieren. Er zijn huifkarraces en wedstrijden in lassowerpen. Banff en Jasper liggen in de Rockies. Tussen die steden loopt de Icefields Parkway. Het is een heel bijzondere snelweg met gletsjers erlangs en smaragdgroene meren.

3. Saskatchewan – hoofdstad Regina
Regina (= Koningin) is genoemd naar koningin Victoria van Groot-Brittannië. Vroeger werd deze stad 'Stapel botten' genoemd. De grootste stad is Saskatoon, met de bijnaam Stad van de bruggen. In het zuiden zijn prairies, eindeloze vlakten. Het meeste graan komt hiervandaan. Je kunt er mooie kano-routes

varen op de vele meren. In Eastend ontdekte een schoolmeester in 1994 de eerste botten van een Tyrannosaurus rex, de grootste van de dinosaurussen. Het geraamte is bijna volledig gevonden en kreeg de naam Scotty. Hij is nu in het museum.

4. Manitoba – hoofdstad Winnipeg

In Manitoba worden veel kleren en voedingsproducten gemaakt. Winnipeg staat bekend als de stad waar de wind het hardst waait. Winnie-de-Pooh is ernaar genoemd. Een legerkapitein die in 1914 een jong beertje kocht, noemde het Winnipeg, naar zijn geboorteplaats. Hij nam het mee naar Engeland. Toen de kapitein in de Eerste Wereldoorlog in Frankrijk moest vechten, liet hij het beertje achter in de dierentuin van Londen. De schrijver A.A. Milne zag het daar en noemde de beer in zijn boeken ernaar.

5. Ontario – hoofdstad Ottawa

Ottawa is tevens de hoofdstad van Canada. De grootste stad van het land is Toronto, een belangrijk handelscentrum met de hoogste (vrijstaande) toren van de wereld. De CN-toren is ruim 553 meter hoog. Je kunt hem beklimmen tot 447 meter. Vandaar kun je de beroemde Niagara watervallen zien, ook in Ontario op de grens met de Verenigde Staten. De druiven waar Canadese wijn van wordt gemaakt, groeien vooral hier in de vele wijngaarden.

6. Québec – hoofdstad Québec-Stad

Québec is de grootste provincie. De meerderheid spreekt Frans, de officiële taal daar. Na Parijs is Montréal de grootste stad waar Frans wordt gesproken. In Québec wordt het meeste papier van heel Amerika gemaakt. In Québec-Stad is elk jaar in februari een carnaval waar meer dan een miljoen mensen op af komen. Prachtige bouwwerken van ijs en sneeuw worden gemaakt en er zijn spannende hondenslee wedstrijden.

7. New Brunswick – hoofdstad Fredericton

New Brunswick ligt aan de oostkust. Fredericton is een 'oude' stad, door de Engelsen in 1762 gesticht. Er is veel scheepsbouw in Saint John, de grootste stad van de provincie. De Fransen waren er eerder dan de Engelsen. New Brunswick is de enige provincie die officieel tweetalig (Frans en Engels) is. Meer dan een derde van de bewoners heeft Franse voorouders.

Typische huizenbouw in New Brunswick

8. Prince Edward Island – hoofdstad Charlottetown
De kleinste provincie. Charlottetown is de 'geboorteplaats' van Canada; in 1867 werd Canada daar opgericht. Het bestond toen uit vier provincies. Charlottetown, genoemd naar koningin Charlotte van Groot-Brittannië, is de kleinste provinciehoofdstad.

In de oude pakhuizen zijn nu restaurants en winkels. De grond van deze provincie is vaak rood van kleur.

9. Nova Scotia – hoofdstad Halifax

Nova Scotia trekt veel toeristen. Halifax heeft de drukste haven van de oostkust en de grootste marinebasis van Canada. In 1912 zonk de *Titanic* bij de kust van Newfoundland, nadat het schip een ijsberg had geraakt. Vanuit Halifax werden reddingsschepen uitgestuurd. Lunenburg is één van de beste vishavens in Noord-Amerika. De oudste dinosauriërresten van Canada (200 miljoen jaar oud) zijn gevonden bij de Fundy baai. En ook de allerkleinste dinosauriërsporen.

10. Newfoundland & Labrador – hoofdstad St. John's

De laatste provincie die zich aansloot bij Canada, pas in 1949. De bevolking woont vooral op New Foundland, een eiland. Labrador ligt noordelijker op het vasteland, het is er vaak koud en mistig. St. John's, helemaal op de oostpunt van Newfoundland, is de grootste stad.

3. Het hoge noorden

De drie territoria beslaan meer dan 40 procent van Canada's grondgebied. Ze liggen ten noorden van de provincies. De Poolcirkel loopt door de uitgestrekte toendra's, boomloze, moerassige vlakten, waarvan de ondergrond altijd bevroren is. Er heerst een poolklimaat (arctisch of subarctisch). Meestal is het er ijzig koud, maar in de zomer kan het soms aangenaam warm zijn. Dan bloeien op de vlaktes bloemen en is het 20 uur per etmaal licht.

Arctische toendrabloem

Minder macht

Het noorden is ingedeeld in territoria en niet in provincies omdat de regering van Canada aan deze gebieden minder macht wilde geven (er woont maar 0,3 procent van de Canadezen). In het parlement hebben de afgevaardigden van de territoria minder te zeggen dan die van de provincies.

Iglo en hondenslee

In de territoria leven veel Inuit (Eskimo's). Inuit betekent mensen. Eskimo (=rauwe vleeseters) is de naam die de Cree-Indianen aan hen hadden gegeven. Vroeger bouwden de Inuit hun iglo's (=huizen) van sneeuw en ijs en verplaatsten ze zich op hondensleden.

Dit is een husky, een poolhond

Sneeuwmobiel wedstrijden

De meesten wonen nu in een gewoon huis of in een flat. Sneeuwmobielen, auto's die over ijs en sneeuw kunnen rijden en motorsledes verdrijven steeds meer de hondenslee. Sneeuwmobiel wedstrijden zijn populair bij de jeugd. Vanaf hun veertiende mogen kinderen op een sneeuwmobiel rijden. Ze moeten er een training voor volgen.

De drie territoria van west naar oost:

1. Yukon – hoofdstad Whitehorse
Yukon grenst aan Alaska, Verenigde Staten. Het is een half miljoen km^2 groot, net zo groot als Spanje. Er wonen evenveel mensen als in Bussum (31.000). Het landschap bevat de noordelijke uitlopers van de Rockies. Er zijn veel wouden, meren en rivieren. Eén van de tien inwoners hoort tot de inheemse volken Inuit of Dene. Er is mijnbouw van zink, lood en zilver. Verder visserij, bosbouw en jacht op pelsdieren.

2. Northwest Territories – hoofdstad Yellowknife
Dit gebied in het midden is ruim een miljoen km^2 groot. Er wonen evenveel mensen als in Huizen in Noord-Holland (42.000). De helft woont in Yellowknife. Toen daar in 1934 goud werd gevonden, werd dit 'een grote stad'. Goud en diamanten zijn er nog te vinden. Er wonen veel Inuvialuit (=Echte mensen), een volk dat verwant is aan de Inuit. De langste rivier van Canada de Mackenzie River (4.241 km) stroomt er doorheen en komt uit in de Poolzee.

3. Nunavut – hoofdstad Iqualuit
Nunavut is het grootste en meest oostelijke territorium. Nunavut betekent 'Ons land' in het Inuktikut. Er wonen 30.000 mensen. Het werd op 1 april 1999 na vele jaren onderhandelen een apart territorium. De Inuit bezitten nu een deel van Nunavut; over een

ander deel hebben ze veel te zeggen. Ze mogen er jagen en vissen en ze krijgen een deel van de opbrengst van de delfstoffen. Nunavut is 2 miljoen km^2 groot, het beslaat een vijfde van Canada's grondgebied! Er is maar 20 kilometer snelweg. Het noordoosten van Nunavut is altijd bedekt met poolijs. De hoofdstad is de meest noordelijke van Canada. Inuktikut is naast Engels de officiële taal.

Feiten en cijfers

Land: Canada.

Staatsvorm: democratisch land met een eigen grondwet binnen het Britse Gemenebest. Zelfbestuur vanaf 1 juli 1867. Onafhankelijk van Groot-Brittannië in 1931. De minister-president is de regeringsleider. De Britse koningin is het staatshoofd, de gouverneur-generaal is haar vertegenwoordiger.

Vlag: rood wit rood, met in het witte middenvlak een rood esdoornblad (*maple leave*) dat naar de natuur van Canada verwijst. Op de voorkant van dit boek zie je de vlag.

Oppervlakte: bijna 10 miljoen km^2 (294 x Nederland)

Kustlijn: ruim 200.000 kilometer

Ligging: Canada ligt in Noord-Amerika ten noorden van de Verenigde Staten. Alaska, dat ook tot de VS behoort, grenst in het westen aan Canada.

Hoofdstad: Ottawa (800.000 inwoners)

Andere grote steden: Toronto (4,5 miljoen inwoners); Montréal (3,5 miljoen); Vancouver (2 miljoen); Winnipeg (700.000)

Aantal inwoners: 32 miljoen (van hen wonen er 20 miljoen in Ontario en Québec)

Bevolkingsdichtheid: 0,3 inwoners per km^2 (Nederland heeft 452 inwoners per km^2)

Bevolkingssamenstelling: 28% van de Canadezen is van Britse afkomst, 23% van Franse afkomst, 15% komt uit andere Europese landen, 6% uit Afrika en Azië, 2% zijn *First Nations People* (Indianen) en 26% is van gemengde afkomst.

Talen: Engels (60%), Frans (23%), andere talen (17.5%). Chinees is de derde taal (2.7%)

Godsdienst: rooms-katholiek (43%, protestant (23%), andere christenen (4%) moslim (2%)

andere godsdiensten (12%), geen godsdienst (16%)

Economie: de meeste Canadezen wonen en werken in de steden. Canada wordt steeds meer een industrieland met een hoge technologie. Het is de grootste exporteur van hout en de grootste producent van zink en uranium. Het staat in de top 10 van de lijst van landen waar het goed is om te leven. Canada's belangrijkste handelspartner is de Verenigde Staten.

Natuurlijke bronnen: Canada is rijk aan ijzererts, nikkel, zink, koper, zilver, goud, lood, diamanten, vis, hout, kolen, olie, gas en waterkracht en aan 'wildlife' (natuur met dieren)

Onderwijs: Bijna alle kinderen volgen basisonderwijs. De helft maakt de high school af en één van de tien een studie aan de universiteit.

Gezondheidszorg: hoort tot de beste van de wereld. Van de 1.000 kinderen sterven er 6 voor hun vijfde jaar (in Nederland 5). Gemiddelde leeftijd mannen: 77 jaar, vrouwen 83 jaar (in Nederland mannen 76, vrouwen 81 jaar).

4. Reizen en vechten

Columbus ontdekte Amerika in 1492, hoor je vaak. Maar dit werelddeel was allang ontdekt door andere volken. Duizenden jaren geleden waren er al mensen vanuit Azië de Beringstraat, toen nog een landbrug, overgestoken naar Alaska. Vandaar verspreidden ze zich over heel Amerika.

Indianen

Toen Columbus in Amerika kwam, noemde hij de mensen die hij er aantrof Indianen. Die heten nu *First Nations People*. Omdat ze er het eerst waren. Elk volk had zijn eigen taal en gebruiken. Ze leefden van de jacht en visserij en ze verzamelden planten. De volken in het zuiden, waar een mild klimaat heerste, gingen landbouw bedrijven. In het noorden en midden-westen trokken ze als nomaden rond en leefden van wat de bizonkuddes opbrachten.

Vikingen

Vanuit Europa kwamen eerst de Vikingen uit IJsland en Groenland. Leif Eriksson, zoon van Erik de Rode, voer in 1001 van Groenland naar de oostkust van Canada. Eerder had hij geprobeerd de Groenlanders tot het christendom te bekeren. Waarschijnlijk zijn de Vikingen verjaagd door de Indianen.

Andere Europeanen

In 1497 zeilde de Italiaan Giovanni Caboto naar Nova Scotia met steun van de Engelse koning Hendrik VII. Hij was op zoek naar een nieuwe vaarroute naar Azië, maar heeft die nooit gevonden. Na 1500 kwamen Spanjaarden, Fransen en Britten. De Indianen kregen het moeilijk met de indringers.

Waardevol bont

Jacques Cartier, een zeevaarder uit Bretagne, bereikte de baai van de St. Lawrence rivier in 1534 en claimde het gebied voor Frankrijk. Hij noemde het Kanata, naar het woord voor dorp in de taal van de Iroquois-Indianen. De Fransen gingen handelen in vis en pelsdiervachten. Bont was erg geliefd in die tijd.

Steden

Samuel de Champlain, een andere Fransman, stichtte in 1605 Port Royal (nu: Annapolis Royal) op Nova Scotia. En in 1608 een handelspost aan de St Lawrence rivier, een belangrijke waterweg van de grote meren naar de Atlantische Oceaan. Die post werd later Québec-Stad. Daarna volgde de stichting van Montréal in 1642 op de plek waar Mohawk-Indianen leefden.

Provincie

In 1663 werd Canada een provincie van Frankrijk. De Fransen handelden met de bevolking, maar vochten ook tegen hen. Ze stichtten een aantal forten en trokken helemaal op naar New Orleans (nu in de VS). De Europese pioniers verwoestten de bizonkuddes van de Indianen en dwongen hen in reservaten te wonen, die meestal niet op de beste grond lagen.

De Britten

De Engelsen hadden begin 18e eeuw al delen van Nova Scotia en Newfoundland veroverd. Ze vochten ook tegen de Fransen. De laatste oorlog tussen hen was de Zevenjarige Oorlog. De Fransen waren eerst aan de winnende hand, maar na vijf jaar versloegen de Britten de Fransen bij Québec-Stad. In 1763 tekenden ze een verdrag in Parijs. Daarin stond dat de Fransen al hun kolonies in

Canada aan de Britten afstonden. De Britten gingen heersen over de bevolking die grotendeels Frans was.

Verenigde Staten - Canada

Tijdens de Amerikaanse revolutie tegen Groot-Brittannië emigreerden steeds meer Britten naar Canada. De Verenigde Staten werden in 1776 onafhankelijk. Daarna voerden ze twee jaar oorlog tegen Canada. In 1814 was er vrede. De Britten reisden naar andere delen van het land en ontdekten steeds weer nieuwe gebieden.

Geboorte Canada

De Fransen wilden niet door de Britten overheerst worden, maar die waren nu in de meerderheid. In 1867 riep de Britse regering Canada uit als Dominion (gebiedsdeel) van Groot-Brittannië. Het bestond uit: Ontario, Québec, Nova Scotia en New Brunswick. Andere delen zouden later volgen. De eerste minister-president was John Alexander Macdonald. Er woonden toen 3,5 miljoen mensen.

Haat

Drie jaar nadat de Dominion was uitgeroepen kwamen de Métis, een volk dat afstamt van Indianen en Europeanen, vooral Fransen, in opstand. Ze waren Franstalig en katholiek en wilden hun gebied niet aan de Brits Canadese protestanten overdragen. Hun leider Louis Riel riep een eigen regering uit. In 1885 werd hij na een tweede opstand opgehangen. De haat van de Frans Canadezen tegen de Brits Canadezen werd hierdoor groter.

Spoorlijn van kust naar kust

De regering had een spoorlijn laten aanleggen van de oost- naar de westkust. Daardoor werd reizen door het reusachtige land makkelijker. In 1912 hoorden alle provincies bij Canada. Alleen Newfoundland nog niet. In 1931 werd Canada als onafhankelijke staat binnen het Britse Gemenebest erkend.

Victoria, de hoofdstad van British Colombia, ligt op Vancouver Island. Het parlementsgebouw bij de haven is omringd door bloemen.

5. Goudzoekers

De Italiaanse zeevaarder Giovanni Caboto (John Cabbot) was een echte avonturier. Hij had er 52 dagen over gedaan om van Engeland naar Nova Scotia te varen. Koning Hendrik VII had hem een zeilschip en bemanning meegegeven. Caboto had een land, rijk aan vis en bomen, voor de koning gevonden. Maar de koning had gehoopt op goud. Omdat de koning teleurgesteld was, gaf hij Caboto maar een piepklein salaris, 10 pond.

Inuit

Bijna tachtig jaar later, in 1576, voer een Engelse ontdekkingsreiziger Martin Frobisher een grote baai bij Baffin Island (Nunavut) in. Ook hij was op zoek naar goud. De Inuit zagen hem en peddelden in hun kajaks naar zijn schip toe. Frobisher luidde een bel. Dat maakte hen nieuwsgierig.

Gekidnapt

Eén Inuit kwam zo dichtbij om de bel aan te raken, dat Frobisher hem met zijn kajak uit het water haalde en hem in het ruim van het schip stopte. Frobisher vond het jammer dat hij op Baffin Island geen goud had gevonden. Toen hij terugkeerde nam hij in plaats van goud de Inuit mee naar Engeland om aan het koninklijk hof te tonen. De arme man, die veel verdriet had omdat hij tegen zijn wil was meegenomen, werd ziek en stierf.

Eerste vondst

De eersten die goud ontdekten in Canada, waren Indianen. In 1858 ontdekte een groepje het in de North Thompson-rivier. Vier jaar later vond de Engelse Billy Barker veel goud in de Williams Creek, ook in British Columbia. Deze vondst raakte overal

bekend. Daarna kwamen enorme hoeveelheden goudzoekers vanuit het oosten naar het gebied duizenden kilometers verderop in
het westen.

Goudzoekersroute

Stadjes rezen op in wat vroeger wildernis was. De goudzoekers
moesten ergens eten en slapen. Als het goud in een rivier of kreek
op was, trokken de goudzoekers verder naar het noorden. De 640
kilometer lange Caribou weg werd aangelegd. Huifkarren konden
hierover met de goudzoekers naar nieuwe gebieden rijden.

Mijnen

Toen er niet veel goud meer in de rivieren gevonden werd, ging
men zoeken in ondergrondse mijnen. Ook Chinese immigranten
kwamen er op af. Maar na een jaar of tien was er niet veel goud
meer over.

Yukon

In 1896 werd weer goud gevonden, nu in het hoge noorden in de
rivier de Klondike. Twee Yukon-Indianen: Skookum Jim en
Tagish Charley en de Amerikaan George Washington Carmack
vonden het in de Rabbit Creek, die nu Bonanza heet. Het werd een
nog grotere goldrush (run op goud, goudkoorts) dan de eerste.

Zware tocht

Tienduizenden goudzoekers reisden wekenlang om Dawson City
te bereiken, de nieuwe 'goudstad' niet ver van de Poolcirkel. In
snel tempo waren daar hotels, café's en danstenten opgezet waar
de nieuwe bewoners zich konden amuseren. Velen stierven al
onderweg erheen. Op de bergpas die ze over moesten, kon het 60
graden vriezen.

Topjaar

De meeste goudzoekers werden niet rijk. Weinigen hadden het geluk om uit het zand een flinke hoeveelheid goud te zeven. Het jaar 1900 was een topjaar, toen is er voor 22 miljoen dollar goud gevonden. Twee jaar later begon het op te raken. Dawson City had op zijn hoogtepunt 16.000 inwoners. Nu nog maar 900.

Een goudzoeker met zijn 'oogst'.

6. Canada nu

'Mensen met vakkennis en diploma's zijn van harte welkom,' zei Joe Volpe, de Canadese minister van Immigratie in 2005. Hij wil het aantal immigranten verhogen tot 3.000 per jaar. 'Immigratie is de economische motor van het land,' vindt hij.
Maar niet iedereen wil zoveel immigranten, vooral ouderen zijn bang hun baan te verliezen.

Welvarend

Veel Canadezen of hun ouders of grootouders zijn zelf immigrant. Grote aantallen mensen kwamen vooral vanuit Europa en Azië naar Canada, op zoek naar werk en een beter leven. Mede dankzij hen groeide Canada uit tot een welvarend land. In de Tweede Wereldoorlog waagden duizenden Canadese soldaten hun leven om Nederland en andere bezette gebieden te bevrijden van de Duitsers.

Rijk industrieland

De emigranten gingen eerst vooral landbouw en veeteelt bedrijven, maar na 1945 werd Canada steeds meer een industrieland. In 1989 sloot Canada een handelsverdrag met de Verenigde Staten, de FTA (*Free Trade Agreement*).
In 1994 kwam een nieuw verdrag: de NAFTA (*North America Free Trade Agreement*) met Mexico erbij. Canada is de grootste buitenlandse leverancier van olie, gas, uranium en elektriciteit aan de Verenigde Staten. Meer dan 85% van hun export gaat naar de V.S.

Eerste over de finish

Op 23 januari 2006 kozen de Canadezen een nieuw Lagerhuis (parlement). Zoiets als onze Tweede Kamer. De leden bemoeien zich met de wetgeving en controleren de regering. In Canada zitten 308 leden in het parlement (in Nederland 150), maar ze hebben dan ook twee keer zoveel inwoners als wij. De verdeling van het aantal zetels gaat in Canada per kiesdistrict. Degene met de meeste stemmen in een district krijgt de zetel, terwijl bij ons het aantal stemmen wordt opgeteld en gedeeld door het aantal zetels (evenredige vertegenwoordiging). In Canada is het als een hardloopwedstrijd, waarbij de snelste de zetel krijgt. Ze noemen het kiesstelsel daarom ook wel *First Pass the Post*, de eerste over de finish.

De grootste politieke partijen zijn de *Liberal Party* en de *Conservative Party.*

De Niagara-watervallen

Meeste water ter wereld

De natuur is Canada's grootste rijkdom. Van alle landen heeft het de langste kustlijn, ruim 200.000 kilometer. Het heeft de grootste zoetwater voorraad ter wereld. Een kwart van Canada bestaat uit bossen. De op één na hoogste berg van Amerika is Mount Logan in Yukon, bijna 6.000 meter hoog.

Watervallen

Canada's natuur is populair. De meest bezochte plekken zijn de Rocky Mountains en de Niagara watervallen. Bij de Niagara Falls (56 meter hoog) valt het meeste water naar beneden van alle watervallen op aarde. Minder breed maar hoger zijn de Della Falls (440 meter) en de Takakkaw Falls (254 meter) in British Columbia. Takakkaw betekent prachtig in de taal van de Cree-Indianen.

Warm tot ijskoud

De meeste Canadezen leven in het zuiden waar het 't warmst is. Daar duurt de zomer het langst en de winter het kortst. Juli en augustus zijn de warmste maanden. Een mooie tijd om naar het strand of naar de meren te trekken. De Canadese winter duurt lang. Van november tot april ligt op de meeste plekken sneeuw. De gemiddelde temperatuur in meer dan tweederde van het land is 18 graden onder nul.

Tijdsverschil

Door zijn enorme breedte heeft Canada zes verschillende tijdzones. Aan de oostkust in Newfoundland is het 4,5 uur vroeger dan in Nederland. Aan de westkust is het 9 uur vroeger dan bij ons.

Canada Dag

Elk jaar op 1 juli is het Canada Dag. Dan wordt gevierd dat op 1 juli 1867 de Dominion Canada is gevormd. De hele dag zijn er parades, picknicks, feestjes, spelletjes en andere activiteiten voor kinderen. 's Avonds wordt er schitterend vuurwerk afgestoken. Miljoenen mensen en kinderen verzamelen zich op straat of op het strand om daarvan te genieten.

Beroemde Canadezen

Pierre Eliot Trudeau, minister-president van Canada van 1968-1984, is bekend over de hele wereld. Hij was een Frans Canadees die er alles aan deed om de eenheid in zijn land te bewaren. Er is een vliegveld bij Montréal naar hem genoemd.
Donald Sutherland is al meer dan 40 jaar een beroemd filmacteur.
Pamela Anderson, filmactrice, is bekend van o.a. Baywatch.
De zangeressen Celine Dion en Shania Twain en de zangers Leonard Cohen, Neil Young en Bryan Adams zijn ook allemaal Canadezen. De acteur, schrijver en filmer Jim Carrey klom op van arme jongen tot de best betaalde komische acteur. Cindy Klassen werd beroemd als wereldkampioene dames schaatsen allround in 2003 en in 2006 in Calgary.

De Maple Leaf (esdoornblad), is het nationale symbool.

7. De eerste volken

Sinds tienduizend jaar ontwikkelden zich volken in Canada. Zoals de Cree, Zwartvoet en Ojibwa, die op de prairies leefden. De Mi'kmaq en de Huron. De Mohawk en andere Iroquois-volken. De Dene in het noorden. De Kwakiutl, Nootka, Salish en Haida in het westen. Indianen werd hun verzamelnaam. *First Nations People* geeft beter aan dat ze onafhankelijke mensen waren die als eersten het land bevolkten.

Beveroorlogen

Toen de Europeanen kwamen, gingen ze jagen op en handelen in de waardevolle pelzen van de bever en andere knaagdieren. De Indianen handelden ook met hen, ze verkochten de dierenhuiden aan de kolonisten en ze kochten vuurwapens van hen. In 1650 was de bever daardoor bijna uitgestorven. Toen begonnen de beveroorlogen. De Mohawk overvielen de dorpen van hun vijand, de Huron, om pelzen te stelen.

Vrienden

De Huron waren landbouwers, die in grote familiegroepen in hun langwerpige houten huizen woonden. Ze noemden zichzelf Wendat. Ze vochten met de Fransen tegen hun vijand, de Mohawk. Nederlandse handelaars werkten juist vaak met de Mohawks samen. Er ontstonden grote bedrijven die veel verdienden aan de pelshandel.

Zwijnenkop

De naam Huron is door de Fransen bedacht. Hure betekent ruig of kop van een wild zwijn. Hun geschoren kapsel deed de Fransen denken aan de kop van een wild zwijn. Hun eigen naam Wendat betekent mensen die leven op de rug van een schildpad. Volgens de Wendat steunde de wereld op een schildpadrug.

Reservaten

Meer dan de helft van de Canadese Indianen leeft nu in reservaten. De meeste van de 2400 reservaten liggen in British Columbia en Ontario. De Indianen worden ook Inheemse volken genoemd. De Métis en de Inuit rekent men ook daartoe. De Métis hebben gemengd Europees (vaak Frans) en Indiaans bloed. Eén van de 25 Canadezen hoort tot een Inheems volk. Ze spreken 53 verschillende talen.

Beelden en totempalen van de Siciatl (Sechelt) uit 1860
De Siciatl hoorden bij het Salish-volk

Griep

De geschiedenis van de Inheemse volken is niet erg vrolijk. Velen werden vermoord door de blanken uit Europa, die hun land wilden hebben. Nog meer stierven aan ziektes die de Europeanen met zich mee hadden genomen. Van sommige groepen is zelfs niemand meer over. De griep kwam vroeger niet voor in Amerika. Daarom waren de bewoners er niet tegen bestand. Ook aan de pokken zijn veel mensen gestorven.

Gezondheidszorg

De Inuit in het noorden kwamen pas later in aanraking met de blanken. Maar ook zij kregen ziektes door het contact met de blanken. Na 1950 ging de Canadese regering pas wat doen aan gezondheidszorg voor de Inuit die besmet waren met tuberculose. Ze namen 1600 mensen op in sanatoria om hen te behandelen. Ook gingen ze de kindersterfte, die heel hoog was, aanpakken. Zo kwamen de Inuit opeens terecht in de grote steden.

In een huis

De meesten waren nog nooit weggeweest uit hun noordelijke woongebied. De regering moedigde hen daarna aan niet meer als nomaden te leven, maar in een huis te gaan wonen in door de regering ingerichte dorpen. De Inuit voelden zich hier niet erg thuis. Ze probeerden hun eigen cultuur te bewaren bijvoorbeeld door samen kunst te maken.

Ver van de toendra

Inuit-kinderen moeten vaak ver van huis wonen om voortgezet onderwijs en een beroepsopleiding te volgen. Ze missen hun familie. Zo'n studie kan dan makkelijk fout lopen. De Inuit zijn al

honderden jaren gewend in het ruige noorden te leven en zich daar
aan te passen. Ze vinden het niet altijd nodig dat hun kinderen een
school afmaken, omdat ze dat zelf ook niet hebben gedaan. Voor
ze volwassen zijn, worden veel meisjes al moeder.

Geen leider

Het is moeilijk om te kiezen tussen de oude levenswijze en het
moderne leven. Vroeger kenden de Inuit wel 100 woorden voor
sneeuw, maar geen woord voor baas of leider. Ze deelden het
gezag over de groep. Het was een andere manier van leven. Het
was heel knap dat ze in zo'n koude omgeving konden wonen en
hun voedsel vinden.

Arme grond

Ook sommige Indianenvolken deelden vroeger het leiderschap.
Velen hebben moeite met de overgang naar het nieuwe leven. In
de reservaten die vaak op afgelegen, droge grond liggen, is het
anders dan daarbuiten. Vroeger leidden Indianen een zelfstandig
bestaan in de natuur. Dat leven is veranderd door de kolonisten uit
Europa. De bewoners van de Indiaanse reservaten voelen zich
vaak gefrustreerd.

Sterke leiders

Het alcohol en drugsgebruik is er dikwijls hoog. Maar er is een
aantal Indianen goed in geslaagd om zich aan te passen en tege-
lijk op te komen voor hun volk. Er zijn sterke leiders gekomen die
een eigen politieke partij hebben opgezet. Zo kunnen ze zich
inzetten voor het recht op waardevolle grond. Indianen hebben nu
veel meer te zeggen gekregen over hun land en over de grondstof-
fen die daar worden gevonden.

8. Totempalen, maskers en beelden

De toestroom van Europeanen betekende een gevaar voor de tradities die de Indianen hadden. De verschillende Indiaanse volken hadden elk hun eigen feesten zoals de potlatch. Met de potlatch (=geven in de Chinook-taal, een handelstaal die door verschillende volken werd gebruikt) vierden ze speciale gebeurtenissen. Een huwelijk, de naamgeving van een kind, het rouwen om een dode of het verlenen van een recht.

Cadeaus

De aanwezigheid van gasten bij de potlatch was zo waardevol dat ze cadeaus kregen. Er was altijd veel en lekker eten. Er werd gedanst en muziek gemaakt. En er werden lange toespraken gehouden. Ook konden de gasten blijven slapen. De feesten duurden soms dagenlang.

Verbod

Eind 19^e eeuw verbood de Canadese regering deze feesten. Ze wilde dat de Indianen zich gingen aanpassen aan de gewoontes van de blanken. Pas in 1951 werd dit verbod opgeheven.
De laatste jaren zijn de Indianen en ook de Inuit zich meer bewust van hun macht. Ze verenigen zich in een organisatie die voor hun rechten opkomt. Veel blanke Canadezen vinden dat ze met hun eisen gelijk hebben en dat de regering wel naar hen moet luisteren.

Totempalen

De kunst van de Indianen is nu helemaal in. Op veel plekken in het westen van Canada zijn totempalen en ander houtsnijwerk,

zoals maskers, te zien. Een totempaal is een stam van een ceder-
boom met uitgesneden figuren. De figuren stellen vaak dieren of
planten voor. Soms mensen, landschappen of hemellichamen.

Verhaal

Elke totempaal is anders en hoort bij een grote familiegroep, de clan. Je kunt er verhalen uit aflezen. De afbeeldingen zeggen iets over de geschiedenis, avonturen, prestaties en de rechten van de familiegroep. Elke clan heeft een totem, vaak een dier, die belangrijk voor de groep is.

Dier als totem

Een beer, een wolf, een adelaar of een bever is vaak een totemdier. Ook de walvis. Het hebben van een beer als totem betekent niet dat die familie als een beer is. Het betekent dat de groep vroeger iets te maken had met beren. De oudere familieleden kennen de oude verhalen weer van hun ouders en vertellen erover. Zo blijft de geschiedenis bekend.

Waar staan totempalen?

Totempalen staan vaak bij de ingang van een huis, als een toegangspoort. Soms worden ze gebruikt als steunbalk. Soms zijn het gedenkpalen, bijvoorbeeld bij een graf. Ook staan ze op een plek om mensen welkom te heten, zoals op een strand waar boten aanleggen.

Indiaanse kunst te koop

Indiaanse totempalen zijn tegenwoordig op veel plekken te koop. Je kunt er zelfs één speciaal laten maken. Een echt mooie kost duizenden dollars en is een sieraad voor je huis of tuin. Maar hij heeft dan niet meer de echte betekenis zoals een originele totempaal van een familiegroep.

Maskers

Hetzelfde geldt voor hoofdtooien en maskers. Iemand met een

bepaalde rang mocht een bepaalde hoofdtooi dragen. Die hoorde dan echt bij die persoon. Maskers werden gebruikt of gegeven tijdens belangrijke feesten. Elk masker heeft een eigen betekenis. Bij sommige volken werden ze als heilig beschouwd. Men geloofde dat door het dragen van een bepaald dierenmasker, iemand de kracht of wijsheid van dat dier zou krijgen.

Beelden van de Inuit

Vroeger maakten de Inuit door stenen op een bepaalde manier op elkaar te leggen grote beelden van mensen. Ze noemden die Inukshuk (iemand die op een mens lijkt) en gebruikten ze bij de jacht op kariboes, om de dieren weg te lokken. Nu staan ze vaak op het land (op het ijs) als grens- of markeerpaal. Als een wegwijzer.

Walvisjacht

De walvisvaarders uit Europa lieten zich vroeger bijstaan door de Inuit. Die hadden veel ervaring met walvissen vangen. De walvisvaarders handelden ook met hen. Eerst wilden ze vooral kleding (van dierenhuiden) hebben en gereedschap voor de jacht, zoals harpoenen. Toen ontdekten ze dat de Inuit mooie beelden maakten. Ze vonden het aardig om die mee naar huis te nemen.

Via internet

De walvisvaarders en pelsjagers kochten stenen beelden en voorwerpen van de Inuit of ruilden die tegen andere goederen. Nog steeds is de kunst van de Inuit populair. Hun beelden van zeepsteen of serpentine, vooral van dieren en mensen, en hun sieraden worden verkocht in galeries. Je kunt ze ook via internet bestellen.

9. Dieren

In de vlag van Canada zit de *maple leave*. Dit esdoornblad is een nationaal symbool, dat je overal tegenkomt. Na de vlag is de bever het belangrijkste nationale symbool. Veel Europeanen waren vroeger voor de waardevolle beverpelzen naar Canada gekomen. De bever staat op verschillende provinciewapens afgebeeld en ook op de munt van vijf dollarcent.

Bever

De bever is het grootste knaagdier van Canada. Bezig als een bever, wordt gezegd. De bevers bouwen een burcht in het water om met hun groep in te wonen. Vaak maken ze eerst een dam in een rivier of stroom. Zo ontstaat een poel of meertje voor hun burcht. De bever was bijna uitgeroeid om zijn pels. Maar omdat na 1840 zijde in de mode kwam, verminderde de jacht op deze dieren.

Een beverburcht

Bizon

De bizon is een rund. In Amerika en Canada wordt hij ook 'buffalo' genoemd. Het is het grootste landdier van Amerika. De grote kuddes die vroeger op de prairies rondzwierven, zijn vernietigd door de mens voor het vlees en de vacht en om de Indianen het leven moeilijk te maken. Er zijn nu alleen nog bizons in parken. De grootste kudde (6.000) leeft in het Wood Buffalo National Park op de grens van Alberta en de Northwest Terrritories.

IJsbeer

De ijsbeer is het grootste roofdier. Hij kan bijna 3,5 meter lang worden. Een stevig mannetje weegt 800 tot 1.000 kilo. De kleur van zijn vacht heeft zich aangepast aan zijn omgeving, het witte Poolijs helemaal in het noorden van Canada. Hij kan 70 km zwemmen en hij jaagt vooral op zeehonden, ook op kleine walvissen en walrussen. Het is een beschermde diersoort.

Muskusos

De muskusos is het meest noordelijk voorkomende hoefdier in het poolgebied. Hij is meer verwant aan de geit dan aan het rund. Hij kan 400 kilo wegen en is bestand tegen temperaturen van 50 graden onder nul. Zijn vacht is lang en hij heeft halfronde horens. Door de geur die de mannetjes in de paartijd afscheiden en dat lijkt op het parfum afkomstig van de klieren van het muskushert, heeft hij zijn naam gekregen.

Grizzlybeer

De grizzly hoort tot de bruine beren. Hij kan bijna net zo lang en zwaar als de ijsbeer worden. Hij is herkenbaar aan de bult boven op zijn rug, achter de nek. Hij kan heel goed ruiken en horen, maar niet zo goed zien. Hij kan hard rennen en goed zalm vangen.

Het best voelt hij zich thuis op de hogere berghellingen. Hij leeft vooral in de Rockies.

De grizzlybeer is herkenbaar aan de bult boven op zijn rug

Zwarte beer

De zwarte beer (blackbear) is de kleinste beer in Canada. Hij kan 2 meter lang worden en 90 kilo wegen. Hij is zwart, bruin of wit. Hij leeft graag in het bos en komt op veel plekken voor. Op kampeerterreinen wordt hij vaak gezien, dan is hij op zoek naar lekkere dingen van de kampeerders. In bomen klimmen kan hij goed.

Wolf

De grijze wolf kan verschillende kleuren hebben. De rode wolf is een mix van de grijze wolf en de coyote. De wolf is de stamvader van de hond. Hij staat veel hoger op de poten dan onze hond. In het wild jagen wolven met een groep, waardoor ze een grote prooi als een eland kunnen doden. Een wolf en een hond kunnen met elkaar jongen krijgen.

Kariboe

Kariboe of rendier is het enige hert waarvan de vrouwtjes een gewei hebben. Ze leven in het poolgebied. In de winter maken ze soms twee maal per jaar een tocht van 2.000 kilometer. Voor de Inuit waren de kariboes een heel belangrijk middel van bestaan. Ze aten het vlees, maakten kleding van de vacht en gereedschap van zijn beenderen en het gewei.

Eland

Elanden zijn de grootste herten. Hun gewei kan wel twee meter breed worden. Ze hebben een overhangende bovenlip. Ze leven in moerasgebieden en bossen, vooral in de koudere streken. Elanden leven vaak alleen. In oktober en november gaat het mannetje op zoek naar een vrouwtje om te paren.

Walvissen, dolfijnen en bruinvissen

Dit zijn zoogdieren. Dolfijnen en bruinvissen horen tot de tandwalvissen. De blauwe vinvis (tot 30 meter lang) is het grootste dier dat ooit op aarde leefde. Het is een baleinwalvis. Er zijn nog 5.000 exemplaren over de hele wereld. De grijze walvis komt alleen in de Stille Oceaan voor. De orka of zwaardwalvis is zwartwit. Met de zwarte dolfijn is hij de grootste (9 meter) dolfijn. In Canada zijn walvis- en dolfijnentochtjes op een motorboot of in een kajak reuze populair.

Er komen nog veel meer dieren voor in Canada, zoals coyotes, lynxen, stinkdieren, everzwijnen, zeehonden, 500 vogelsoorten waaronder arenden, duizenden vissoorten en … miljoenen muskieten.

In de bergen bij Lake Louise, Alberta, leven grizzly's

10. Koffers moesten huizen worden

'Ik was achttien toen ik met de boot de Atlantische Oceaan overstak naar Canada. Vier van mijn broers en zussen waren al eerder vertrokken. Dat maakte het makkelijker voor mij.' Chris Duijnstee is 65, maar ziet er jonger uit. Hij woont al twintig jaar in White Rock, een gezellig stadje aan de westkust van Canada.

Chris komt uit een gezin van tien kinderen, dat in Voorschoten de hongerwinter tijdens de Tweede Wereldoorlog had meegemaakt. 'Ook na de oorlog was het leven moeilijk, in de jaren vijftig was er nog veel armoede, er was lang niet voor iedereen werk.' Chris zucht even als hij eraan terugdenkt. 'Door in 1959 naar dat verre, grote land te gaan, hoopte ik op een mooie toekomst.' De ouders van Chris lieten hem zomaar gaan. Maar ze zijn hem wel tien keer komen opzoeken en ook ging Chris vaak terug naar Nederland.

Timmeren

In het begin viel het Chris best tegen. Het was helemaal niet zo makkelijk om in Vancouver, waar zijn oudste broer woonde, een baan te krijgen. 'Ik probeerde wat te verdienen door kleding te verkopen. Af en toe kon ik aan de slag als timmerman. Voor timmeren had ik veel aanleg. Na een poosje lukte het me werk in Montréal te krijgen. Maar na twee jaar ging ik weer terug naar Vancouver.'

Jaloers

Jarenlang werkte Chris keihard in de bouw. 'Ook in de strenge winters en bij regen werd er doorgebouwd. Want: 'No work, no pay'. We kregen een rubberen pak aan als het regende. Vanaf 1975 werd ik eigen baas. Sommige immigranten waren weleens jaloers op de Nederlanders omdat die het zo goed deden in Canada. Ze kwamen net als ik met alleen een koffer naar Canada. Die koffers moesten huizen worden. De Nederlanders wilden zo snel mogelijk een eigen huis kunnen huren of kopen. Vaak lukte hen dat.'

Canadees

Chris vindt de Canadezen vriendelijke mensen met wie je makkelijk contact krijgt. 'Ze zijn spontaan en praten snel met vreemden. Ik ben Canadees geworden en voel me nu ook een echte Canadees. Toch miste ik in het begin m'n vrienden en het Nederlandse eten. Ik had heel graag voetballer willen worden of schaatser, maar in Canada werden die sporten in de jaren vijftig nog niet betaald.'

Glasgow Rangers

Toen Chris in Montréal woonde, voetbalde hij bij een Canadese club. 'Mijn trainer daar had me naar Schotland willen sturen om bij de Glasgow Rangers te spelen. Dat wilde ik graag, omdat het een belangrijke club was. Maar toen ze bij die Schotse club hoorden dat ik katholiek was, ging het niet door. Dat vond ik toen jammer. De club wilde in die tijd alleen voetballers die protestants waren.'

Tranen

Als Chris in Nederland is, vindt hij het geweldig om in de kroeg in zijn oude woonplaats samen met vrienden naar voetbal of schaatsen te kijken. 'Mijn grote wens is om nog eens in het stadion in Nederland een wedstrijd Ajax-Feijenoord te zien of de schaatskampioenschappen in Heerenveen,' zegt Chris. Nu klinkt hij een beetje weemoedig. 'Als ik na een vakantie in Nederland in het vliegtuig zit op weg naar huis, staan de tranen in m'n ogen. Omdat ik mijn oude vaderland weer moet verlaten.'

Montreal

Geen spijt

Toch heeft Chris geen spijt van zijn emigratie. Hij woont samen
met zijn Ierse vrouw Mae in een mooi, groot huis dat hij zelf heeft
gebouwd. Het heeft twee terrassen met uitzicht op zee. Een deel
van hun woning verhuren ze als Bed & Breakfast. Op
www.beachcomberwhiterock.com kun je zien hoe mooi ze daar
wonen. 'Onze twee zonen hebben een woning vlakbij gevonden,
we zien ze vaak,' zegt Chris vrolijk. 'Ik vind dat je in Canada
meer mogelijkheden hebt dan in Nederland. Het is een ruim land
en je kunt er makkelijker een eigen bedrijf opzetten, ook als je
geen diploma's hebt. Door hard te werken heb ik een fantastisch
bestaan kunnen opbouwen.'

Hobby's

'We hebben veel vrienden gekregen. Nu ik met pensioen ben, heb ik veel tijd voor mijn hobby's: fietsen, vogels kijken en antiek. Maar mijn grootste hobby blijft de sport. Ik ga vaak mee met de senioren voetballers en ben scheidsrechter bij hun wedstrijden. Ik heb het hier in Canada geweldig naar mijn zin. Als onze gasten Nederlanders zijn, ben ik helemaal tevreden. Dan kan ik lekker Nederlands met hen kletsen.'

Jachthaven in Vancouver

11. Politievrouw in Toronto

'Ik heet Laoigseac (spreek uit: Liesja). Dat is een Ierse naam. M'n achternaam is Engels: Gilchrist. M'n vader was Engels en m'n moeder Iers. Ik ben in 1964 in Engeland geboren. Ik was nog maar een baby toen ons gezin naar Australië verhuisde.'
Laoigseac is een slanke, beweeglijke vrouw met mooie ogen. Ze woont met haar zoon van vijf in een leuk huis in een stadje bij Toronto.

In bomen klimmen

'M'n vader was professor Engels, m'n moeder heeft ook talen gestudeerd,' vertelt Laoigseac. Ze zijn allebei al dood. Als kind speelde ik meer met m'n twee broers dan met m'n vriendinnen. Ik hield veel van jongensachtige spelletjes en klom graag in bomen. In 1969 kreeg m'n vader een baan in Canada. Vanuit Australië gingen we daarheen.'

Studeren

Laoigseac was vijf jaar toen ze in Canada gingen wonen. 'Na de middelbare school ging ik Engels studeren. Maar omdat een vriendin van me bij de politie werkte, wilde ik dat ook. Daarom ging ik na m'n studie nog de politieopleiding volgen. In dertien en een halve week deed ik de cadettenopleiding aan de politieschool in Toronto.'

Werken op straat
In Toronto met zijn twee miljoen inwoners is voor de politie een hoop te doen. Laoigseac ging al snel op straat werken. 'Bij problemen in gezinnen, moest ik erop af om te helpen bij het vinden van een oplossing. Ook bij ongelukken en bij overlast. Sommige ouderen raken in de problemen in de stad, die alsmaar groter en drukker wordt. In Toronto lopen veel mensen met wapens rond.

De politie probeert de 'gangs', groepen misdadigers, te ontbinden. En drugsverslaafden naar een kliniek te krijgen.'

Alleen

'Ik had wisseldiensten. Tussen zeven uur 's avonds en drie uur 's nachts werkte ik altijd samen met een andere agent. Maar verder moest ik het alleen opknappen.
Het allerzwaarste wat ik meemaakte vond ik de zelfmoorden. Ik kwam eens in een huis waar een begaafd kunstenaar zich had opgehangen. Uit schuldgevoel over iets waar hij niets aan kon doen. Ook vond ik het vreselijk dat een man zijn vrouw, een Alzheimerpatiënte, met een groot mes had doodgestoken.'

Promotie

'Toch vond ik het werk als politieagent op straat leuk. Sinds drie en een half jaar heb ik een hogere functie gekregen. Ik ben nu 'detective constable', dat houdt in dat ik nieuwe sollicitanten interview. Ik mag meebeslissen wie ze aannemen bij ons politie-corps. Ik doe de vraaggesprekken op kantoor, maar ook bezoek ik de kandidaten thuis.'

Mountainbiken

Laoigseac voelt zich een echte Canadese. 'Af en toe ga ik naar Engeland of Ierland op familiebezoek. Ik vind het daar altijd reuze gezellig en zou daar ook heel goed kunnen wonen. Het voordeel van Canada vind ik de goede studieregelingen. Ook heb ik hier veel vrienden en vriendinnen. Ik ben dol op mountainbiken en fiets graag naar Toronto-eiland in het Ontariomeer. Dat is enorm groot, net een zee. Op het eiland is het leven kalm. Ik vind het heerlijk om met m'n zoontje langs die mooie boerenhuisjes te fietsen. Dan kom ik helemaal tot rust.'

Nog meer informatie

Philip Steele: Toendra's.
Geo Detective, Corona, Ars Scribendi, 1998. ISBN 9054951370

R. Barlett, Tompsett & McKay: Met het oog op Canada.
Corona, Ars Scribendi, 2003. ISBN 905495647X

Arend van Dam: Een indiaan zonder veren.
Zwijsen, 2004. ISBN 9027678952

Websites over Canada

www.landenweb.net/canada
www.collectionscanada.ca/settlement/kids (in Engels en Frans)
www.canoemuseum.net/heritage
www.minbuza.nl
www.cia.gov/cia/publications/factbook
www.stat.can.ca/start.html
www.canada.startbewijs.nl
www.canada.startpagina.nl
www.dierenbibliotheek.nl (over dieren die ook in Canada voorkomen)

Bronnen voor dit boekje:

Tracey Drost-Plegt et al.: Canada.
Insight Guides Cambium reisgidsen, 2005. ISBN 9066551356

Roy Geoffrey: North Canada.
The Bradt Travel Guide, 2000. ISBN 18411620033

Marjorie M. Halpin: Totempoles.
UBC-Press-Vancouver, 2002. ISBN 0-7748-0141-7

Jeff Hutcheson: Best of Canada.
John McQuarrie Photography, Magic Light Publishing, 2003.
ISBN 1-894673-11-5

Tim Jepson: Canada.
Rough Guides, 2004. ISBN 1843532662

Rudi Rotthier: Het beste land van de wereld: een reis door
Canada.
Atlas, 2000. ISBN 90-450-0226-4

Andrea Schulte-Peevers et al. : Canada.
Lonely Planet Guide, 2005. ISBN 1740597737

en de websites die hierboven vermeld staan.

Met dank aan Rudy Schreijnders

Reeds verschenen in de WWW-Terra reeks:

Deel 1 Indonesië
Saskia Rossi
ISBN 978-90-86600-09-0

Deel 2 Tibet
Esther Nederlof
ISBN 978-90-86600-10-6

Deel 3 Oostenrijk
Yono Severs
ISBN 978-90-86600-11-3

Deel 4 Friesland
Yono Severs
ISBN 978-90-86600-12-0